Bibliografische Information der Deutschen Nationalbibliothek:

Die Deutsche Bibliothek verzeichnet diese Publikation in der Deutschen National-
bibliografie; detaillierte bibliografische Daten sind im Internet über http://dnb.d-
nb.de/ abrufbar.

Impressum:

Copyright © 2020 GRIN Verlag
Druck und Bindung: Books on Demand GmbH, Norderstedt Germany
ISBN: 9783346222145

Dieses Buch bei GRIN:

https://www.grin.com/document/908770

Jil Englert

"Die Alpen" von Albrecht von Haller und die aufkommende Alpenbegeisterung im 18. Jahrhundert

Eine kurze Einführung

GRIN Verlag

„Die Alpen" Albrecht von Hallers und die aufkommende Alpenbegeisterung im 18. Jahrhundert

Inhaltsverzeichnis

Einleitung..1

Hauptteil..3

„Die Alpen" und das veränderte Naturverhältnis...3

Stadt-Land Gegensatz und Sittenkritik in „Die Alpen"....................................7

Das Erhabene der Alpen...10

Schlussteil..12

Literaturverzeichnis..13

Einleitung

„Jedes Zeitalter, wenn es neue Ideen bekömmt, bekömmt auch

neue Augen." -Heinrich Heine[1]

Diese Hausarbeit soll das Gedicht „Die Alpen" (1729) von Albrecht von Haller[2] analysieren, interpretieren und der Fragestellung nachgehen, inwiefern das Gedicht auf das Naturverhältnis und -verständnis im 18. Jahrhundert Einfluss genommen hat. Dabei möchte ich auf die Punkte von Raimund Rodewald[3] Bezug nehmen, welcher erläutert, was an Hallers Alpenansicht so neu war und welche Besonderheiten damit auch das Gedicht mitbringt. Hierbei werden Punkte genannt wie Hallers naturwissenschaftlich genaue Beschreibungen, das Herstellen eines lebendigen Landschaftsbildes, den Alpen-Mythos, den er vor allem dadurch entwickelte, dass er die Alpenbevölkerung in den Vordergrund stellte, ihr Leben idealisierte und ästhetisierte anhand dessen Leben es schaffte eine Kritik am Sittenverderbnis mit einer Gegenüberstellung von Stadt und Land auszuüben. Hinzu werde ich noch den Begriff des Erhabenen sowie seine Bedeutung im 18. Jahrhundert erklären und erläutern, warum gerade dieser in einer engen Verbindung zu den Alpen steht.

Dabei sollen verschiedene wissenschaftliche Texte als Untersuchungsmaterial dienen, die sich vor allem auf das Landschafts -und Alpenverständnis im 18. Jahrhundert beziehen. Die Hauptquellen, die ich dabei heranziehe sind „Das Alpenerlebnis in der deutschen Literatur des 18. Jahrhundert" von Richard Weiss, „Die Alpen in Literatur und Malerei. Albrecht von Haller, Caspar Wolf, Ludwig Hohl, Ferdinand Hodler" von Barbara Lafond-Kettlitz und „"Die Alpen" Albrecht von Hallers: Landschaftsgemälde, wissenschaftliche Hypothesenbildung und verborgene Theologie" von Barbara Mahlmann-Bauer. Diese dienen zur Erläuterung und historischem Hintergrundwissen, um die in meiner Gedichtsanalyse herausgefundenen Erkenntnisse zu verdeutlichen und in einen Kontext zu bringen.

Ziel der Arbeit ist es somit anhand des Gedichtes und dessen Analyse und Interpretation einzuordnen, wie Hallers Bild der Alpen und das Alpenvolk die zeitgenössische Rezeption von

---

[1] Petra Raymond: Von der Landschaft im Kopf zur Landschaft aus Sprache, Studien zur deutschen Literatur, Bd. 123, Tübingen 1993, S.1
[2] Deutsche Akademie der Wissenschaften zu Berlin, Institut für deutsche Sprache und Literatur (Hg.), Die Alpen. Albrecht von Haller, Studienausgaben zur neueren deutschen Literatur, Berlin 1959 (jede Erwähnung des Gedichtes bezieht sich auf diese Ausgabe)
[3] Raimond Rodewald: Landschaftswahrnehmung zu Hallers Zeit und heute, In: Mitteilungen der Naturforschenden Gesellschaft in Bern 66 (2009), S. 43

Natur und vor allem der „neuen" Landschaft geformt hat und teilweise auch eine Art Natursehnsucht in den Menschen ausgelöst hat.

Hauptteil

„Die Alpen" und das veränderte Naturverhältnis

Albrecht von Hallers Gedicht „Die Alpen" erschien im Jahre 1729 und kann als eine Art Auswertung seiner alpinen Exkursion gesehen werden, auf welche er sich ein Jahr zuvor begeben hatte. Dabei erlangen vor allem seine naturwissenschaftlichen Erkenntnisse innerhalb der Pflanzenkunde große Bedeutung. Diese vermischen sich in Hallers Gedicht mit moralischer Überlegung, die auf einen Gegensatz zwischen Alpenbevölkerung und fürstlicher Gesellschaft in den Städten abzielt. Dadurch kann man innerhalb dieser Strophen von satirischen Elementen sprechen. Das Gedicht gehört zu der Gattung der physikotheologische Lehrdichtung[4]. Formal lässt sich das Gedicht in 49 Strophen mit je 10 Alexandrinern beschreiben, welche das Reimschema ababcdcdee streng verfolgen. Hierbei liegt ein durchgängiger Wechsel von männlicher und weiblicher Kadenz vor. Innerhalb einer Strophe findet eine Steigerung statt, die sich dann mit dem Reimschema ee bis zum Ende der letzten beiden Verse erkennen lässt und sich wie eine Art Zusammenfassung der vorherigen Verse innerhalb einer Strophe versteht. Die Reime im Allgemeinen sind einfach und anakreontische Rokokoverse verdeutlichen das Hirtenleben und sind angelehnt an die Schäferdichtung der Antike[5].

Mit dem Gedicht ist Albrecht von Haller der erste Dichter, der Zeugnis von den Alpen ablegt und diese und ihre Bevölkerung in ein gutes Licht rückt[6]. Vor Haller wurden die Alpen auch schon erwähnt oder behandelt, jedoch war dies meist eher oberflächlich. Die meiste Zeit wurde diese Landschaft einfach links liegen gelassen und fand keine Beachtung. Wie schon erwähnt war Hallers eigene Alpenreise ein Grund dieses Gedicht zu schreiben, jedoch war er nach seinem akademischen Erfolg darauf aus, die Begrenztheit der Menschen zu analysieren und darüber zu berichten[7]. Besonders wichtig war zu der Zeit die Stimmung innerhalb der Aufklärung. Denn der Aufklärer verlor zu der Zeit seine Sicherheit und stieß an die Grenzen als er versuchte, alles Mögliche in ein vernünftiges Weltbild einzuordnen[8]. Die Alpen waren eines der Angelegenheiten, die nicht in das geordnete System der Aufklärung passte. Sie standen für Angst und Schrecken durch die Naturgewalten und das wenige Wissen, das man

---

[4] Barbara Mahlmann-Bauer: „Die Alpen" Albrecht von Hallers. Landschaftsgemälde, wissenschaftliche Hypothesenbildung und verborgene Theologie, In: Mitteilungen der Naturforschenden Gesellschaft in Bern 66 (2009): S.9
[5] Ebd.: S. 9
[6] Richard Weiss: Das Alpenerlebnis in der deutschen Literatur des 18. Jahrhunderts, Horgen-Zürich 1933: S.21
[7] Barbara Mahlmann-Bauer: „Die Alpen" Albrecht von Hallers: S. 10
[8] Richard Weiss: Das Alpenerlebnis in der deutschen Literatur des 18. Jahrhunderts: S. 21

bis dort von ihnen besaß[9]. Erst mit dem 18. Jahrhundert kam es zu einer Wandlung des Alpenbildes[10], wobei Albrecht von Haller nicht ganz unbeteiligt ist. Und auch das Verhältnis vom Menschen zur Natur ändert sich. Ein glückliches Verhältnis zwischen Mensch und Natur zeigt Haller am Beispiel der Alpenbevölkerung, welches durch ihr ursprüngliches, einfaches, anstrengendes, freiheitliches und vor allem glückliches Leben als eine erstrebte Form des Menschenseins dargestellt werden. Sie werden ins Zentrum des Gedichtes gerückt und ihr Leben wird ästhetisiert. Die Alpen werden zum Hintergrund des menschlichen Geschehens in den Alpen (vgl. V.101f.). Den Charakter des Lehrgedichtes machen vor allem die Fußnoten innerhalb des Gedichtes deutlich, die immer wieder naturwissenschaftliche Erläuterungen enthalten oder zu verdeutlichen versuchen, dass es sich hier um tatsächliche Beschreibungen des Lebens in den Alpen handelt. So ist es Haller beispielsweise nach Strophe 6 wichtig die realen Begebenheiten des sogenannten Bergfestes zu erläutern, wo die Bewohner der Alpen nach der harten Arbeit auch zufrieden feiern. Damit entwirft Haller das Gegenbild zu dem, was noch vorher über die Bevölkerung in den Bergen gedacht wurde. Denn genauso wie die Berge selber, wurde auch über die Menschen, die in ihnen wohnten, negativ gedacht. Sie galten in den vorherigen Jahrhunderten noch als zurückgeblieben, gefährlich oder sogar als „wilder Kannibalenstamm"[11]. Demnach basierte das neue Verhältnis zwischen Mensch und Natur auch auf einer Erweiterung des Horizontes, aber auch einer veränderten Perspektive auf die Dinge im Leben. Die Sehnsucht nach Glück durch die Natur stellt Haller auch in der Liebe dar. So beschreibt das lyrische Ich in den Strophen 14 bis 16 mit Begriffen wie „ungeheuchelt Wort" (V.134), „Keuschheit" (V.139) oder „Treu" (V.143). In Vers 156 behauptet das lyrische Ich auch, dass es die Liebe ist, welche die Anstrengungen und die Arbeit erträglich macht, so sehr, dass man sich sogar an diesen Sachen erfreut. Hiermit ist Liebe die Basis des „Mythos des Paradies"[12] und der Grund, warum das Leben hier noch so nah an dem Goldenen Zeitalter ist.

Darauf folgen Strophen die verdeutlichen, dass Hallers Sicht immer noch die eines Naturwissenschaftlers ist und er die Alpen selber eher objektiv als subjektiv beschreibt. Gerade wegen dieser Passagen des Gedichtes erlangte dieses im 18. Jahrhundert viel Aufmerksamkeit. Denn das Gedicht wirkt lebendig durch den Reichtum an Bildern und den vielen naturgetreuen Beschreibungen. Haller schickt den Leser auf eine Reise durch die verschiedenen Jahreszeiten

---

[9] Barbara Lafond-Kettlitz: Die Alpen in Literatur und Malerei. Albrecht von Haller, Caspar Wolf, Ludwig Hohl, Ferdinand Hodler, In: Études Germaniques 64 (2009): S.3
[10] Holger Böhning: Der deutsche Blick auf die Schweiz und die Alpen im 18. Und frühen 19. Jahrhundert, In: Die Alpen!. Zur europäischen Wahrnehmungsgeschichte seit der Renaissance, Bern [u.a] 2005: S.175
[11] Richard Weiss: Das Alpenerlebnis in der deutschen Literatur des 18. Jahrhunderts, S:56
[12]Barbara Lafond-Kettlitz: Die Alpen in Literatur und Malerei, S:934

in den Alpen und „beseelt" die ganzen Naturvorgänge[13] („Wann sich der Erde Schoos mit neuem Schmucke zieret" (V.173)). So auch in Vers 253, in dem das lyrische Ich von einem erschöpften Feld redet und damit das Feld personifiziert. Dies hat zur Folge, dass Haller es schafft die Alpen zu entmystifizieren, in dem er den Elementen in diesen etwas Menschliches gibt und somit auch die Bedeutung der Alpen in das teleologische System einordnet[14]. In Strophe 18 beschreibt das lyrische Ich lebendig den Frühling. Das ist schon in Vers 173 zu erkennen, in dem der Leser durch die Formulierung „neuem Schmucke" darauf schließen kann, dass die Naturwelt so langsam nach dem „Winterschlaf" wieder erwacht und nun die Alpenbevölkerung auch wieder ihren Tätigkeiten nachgehen kann. Sie können sich die Natur wieder zu „Nutzen" (V.180) machen. Das Leben in den Bergen nimmt seinen Lauf in seiner Einfachheit und Ursprünglichkeit und in Strophe 21, nach der Blüte des Sommers und „der Sonne Macht" (V.201), beginnt der Herbst, der „Flora verdränget" (V.205). Und auch diesen machen sich die Menschen zu Nutzen (vgl. V. 214) In dieser Strophe werden Frühling und Herbst sich zudem gegenübergestellt, was verdeutlicht, dass in der Natur alles seine Richtigkeit hat und dass die Abfolgen der Naturvorgänge vernünftig sind und somit einen Platz im Schöpfungsplan haben[15]. Auch zu erwähnen ist, dass hier auch wieder deutlich wird, dass Haller die Alpen auf naturwissenschaftlicher Ebene erkennt und beschreibt. Somit beschreibt er in diesen Strophen zwar auf der einen Seite objektiv seine Erkenntnisse, jedoch wird auch eine Gefühlsebene deutlich, die die Natur in den Alpen ästhetisiert und auch idealisiert. Ob dieser Gefühlston wirklich von Haller intendiert war oder er einfach kreativ rezipiert wurde, ist eine Frage, die auch heute noch offen ist[16]. In Strophe 26 weicht der Herbst dem Winter. Gerade der Winter in den Alpen machte den Leuten zur früheren Zeit Angst und sie verknüpften diesen mit Schrecken und Furcht. Doch auch hier entwirft Haller ein Bild der Alpen, welches ein Gegenstück zu den meisten Auffassungen bildet. Denn anstatt auf die Naturgewalten und die Schwierigkeiten im Winter einzugehen, beschreibt er diesen eher mit friedlichen Worten („beschneyten Hütten" (V.255)). Der Winter ist eine Ruhezeit für die Alpenbevölkerung, die das ganze Jahr über gearbeitet hat. Dabei ist aber nach den tatsächlichen Begebenheiten dieser Beschreibungen zu fragen und ob der Winter wirklich so sorgenlos war. In den Strophen 27 und 28 weist Haller zudem auf einen großen Unterschied zwischen den Aufklärungsmenschen und den Menschen in den Bergen hin. Dieser wird besonders deutlich in Vers 280. Während

---

[13] Barbara Mahlmann-Bauer: „Die Alpen" Albrecht von Hallers: S. 14
[14] Richard Weiss: Das Alpenerlebnis in der deutschen Literatur des 18. Jahrhunderts: S.28
[15] Ebd.: S.29
[16] Petra Raymond: Von der Landschaft im Kopf zur Landschaft aus Sprache: S.14

Literatur und Kunst in der Aufklärung nach Regeln und Vernunft entstanden ist, so braucht der Mensch in den Alpen dies nicht, sondern lässt seinen Gefühlen freien Lauf. Er braucht keine Bücher, die ihm das Leben erklären, denn er selbst lebt nach seinen Erfahrungen (vgl. V.270).

Ganz besonderes Ansehen und besondere Bekanntheit gelang Haller mit seinem Gedicht auch durch die Pflanzenschilderungen, welche er in den Fußnoten noch weiter erläutert und einen naturwissenschaftlichen Blick ermöglicht. Besonders nahbar wirken diese Beschreibungen durch die Verwendungen von vielen Adjektiven und Allegorien. Formulierungen wie „Der Blumen helles Gold" (V.385) sind nicht nur sehr spezifisch, sondern verbildlichen die Flora in den Alpen. In Vers 390 vermenschlicht er wiederum auch die Pflanzen und gibt ihnen eine „Seele". Sie sind Teil der Natur wie auch der Mensch selber.

Albrecht von Haller rationalisiert die Alpen in seinem Gedicht[17]. Er schreibt ihnen all die positiven Eigenschaften zu, nach denen die Menschen in der Krise der Aufklärung suchen und versucht die Kluft zwischen Geist und Natur zu schließen[18]

---

[17] Burkhart Lauterbach: Der Berg ruft – Alpentourismus und Kulturtransfer seit dem 18. Jahrhundert, in: Europäische Geschichte Online (EGO), hg. vom Institut für Europäische Geschichte (IEG), Mainz 2010-12-03.
[18] Richard Weiss: Das Alpenerlebnis in der Literatur des 18. Jahrhunderts: S. 28

Stadt-Land Gegensatz und Sittenkritik in Hallers Gedicht „Die Alpen"

Zurzeit von Hallers Gedicht kann man auch das Phänomen der Kulturflucht in die Natur datieren. Die Faszination über die Stadt legt sich im 18. Jahrhundert langsam und macht Platz für die eigentliche urbane Wirklichkeit, die plötzlich beengend, einschränkend und als unzugänglich erkannt wird[19]. Die „Dichotomie"[20] zwischen Stadt und Land wird bei Albrecht von Hallers Gedicht „Die Alpen" deutlich und geht noch mit einer Kritik an den Sitten innerhalb der städtischen Verhältnisse mit ein. Gleich in der ersten Strophe spricht das lyrische Ich die Sterblichen an, die er mit den Menschen gleichsetzt, die zu viel Wert auf Luxus und Reichtum legen, wie er es in Vers 5 („Marmor-Wand mit Persischen Tapeten") verdeutlicht. Was das lyrische Ich über die Strophe hinweg als Lebensstil der „Sterblichen" aufzählt, fasst es in Vers 9 und 10 der ersten Strophe so zusammen, dass dieses immer weitere Wünschen und Streben kein glückliches Leben bescheren wird und diese Menschen „arm" (V.10) bleiben werden. In der zweiten Strophe benennt das lyrische Ich nun direkt, dass es sich um eine Gegenüberstellung des Fürstens (stellvertretend für das städtische Leben im Überfluss) und des Schäfers (stellvertretend für das freiheitliche und einfache Leben in den Alpen) handelt. Das lyrische Ich leitet hiermit den Vergleich zwischen Stadt und Land ein. In Vers 12 wird noch einmal betont, dass Freude in einem Sinn, der nur von „Ehrsucht" (V.17) oder „Geitz" (V.17) nicht entstehen kann. Dieses verstärkt das lyrische Ich durch das Verb Keimen (V.12), welches mit Begriffen wie Leben, Lebendigkeit oder Heranwachsen konnotiert ist. In Vers 14 wird dieses kontrastiert mit der Erwähnung des Todes und verdeutlicht die Unausweichlichkeit des unglücklichen Schicksals des Fürsten-Lebens. Dieses wird im Verlauf des Gedichtes immer wieder mit Begriffen wie „Verdruß" (V.18), „Ueberfluß" (V.29), „Plagen" (V.54) oder „Wollust" (V.87) gleichgesetzt. Durch die Strophe 6 wird die Menschheit verallgemeinert und die Alpenbevölkerung zum einen klar von dieser abgegrenzt, aber auch idealisiert. Um das Volk, welches noch nicht vom Übel heimgesucht wurde von der Plage der Menschheit zu schützen, sagt das lyrische Ich in Vers 53, dass die Alpen zur Abgrenzung dienen um dies auch so beizubehalten. Somit stehen die Alpen symbolisch für eine Art Schutzschild. Dies schließt

---

[19] Richard Kleinschmidt: Die ungeliebte Stadt. Umrisse einer Verweigerung in der deutschen Literatur des 18. Jahrhunderts, In: Lili 12 (1982): S. 12
[20] Barbara Lafond-Kettlitz, Die Alpen in Literatur und Malerei: S.943

auch an den „Mythos des Paradies"[21] an und lässt sich mit der Antike und den Arkadien[22] oder der Bibel und dem Garten Eden[23] vereinbaren. Dabei werden Bilder von abgegrenzten idyllischen Naturreichen geschaffen, die dem Menschen ein friedliches und ruhiges Leben gewährleisten sollen. So lässt sich abgeleitet davon sagen, dass in dem Gedicht der Traum der Arkadien versucht wird in die Alpen zu verorten[24] und Haller zudem eine Menschheit angelehnt an die biblische Vorstellung darstellt, welche noch ursprünglich und einfach ist, jedoch noch nicht sündig geworden ist. Diese Sünde wird auf die Stadtbevölkerung projiziert. In den letzten Strophen des Gedichtes kommt das lyrische Ich noch einmal auf das „Verblendete" (V.441) Volk zurück. Gerade Vers 466 fasst die Einstellung des lyrischen Ichs zusammen. Das „Rosen-Bett" kann hierbei zum einen für den Luxus und den Reichtum der Fürsten stehen, in Verbindung mit dem „Donner" wird jedoch auch deutlich, dass das Glück und die Freude des Volkes in der Stadt nicht gefestigt ist und immer wieder etwas auf sie lauert oder sie etwas finden, was sie unglücklich macht. Ist der Wunsch eines Menschen erfüllt, so folgt gleich ein nächster (V.469). Die goldenen Ketten in Vers 453 stehen symbolisch für die Einschränkung ihres Glückes.

Dem gegenüber stellt Haller ein Volk, das ihr Glück im Reiche der Natur gefunden hat: die Alpenbevölkerung. Sie stellen das Idealbild der Menschheit und des Lebens dar und stehen für die „Schweizer Gemüts -und Lebensart"[25]. All das, was die Städter unglücklich macht, kennen sie nicht. In Strophe 4 nennt das lyrische Ich sie „Schüler der Natur". Besonders wird die Arbeitsmoral gelobt. Denn auch wenn die Tage lang sind und die Natur immer wieder Erschwernisse auf die Menschen wirft, so beschweren sie sich nicht (vgl. S.4). Genauso lobenswert sei aber auch die Einfachheit des Lebens in den Alpen und die Freiheit, welche die Bergbevölkerung genießt (vgl. S.8). Dies steht alles als Gegensatz zu den Elementen, die den Leuten in der Stadt zugesprochen werden. All dies, wie es das lyrische Ich auch in Vers 31 erkennt, sind Elemente des Goldenen Zeitalters. Während das Fürsten-Volk mit „Verblendete Sterbliche" (V.441) angeredet wird, wird das Natur-Volk mit „vergnügtes Volk" angeredet, womit auch gleich Stellung bezogen wird. Allgemein ist noch anzumerken, dass die Anrede an die Alpenbevölkerung direkter wirkt, während die Stadtbevölkerung distanzierter angesprochen wird und damit deutlich wird, dass das lyrische Ich sich von dieser abgrenzt. Und

[21] Barbara Lafond-Kettlitz: Die Alpen in Literatur und Malerei, S.934
[22] Wehle, Winfried: Wunschland Arkadien. Vom Glück der Schäfer in der Literatur des Cinquecento, In: Compar(a)ison 2 (1993): S. 19
[23] https://www.die-bibel.de/bibelstelle/1.Mose%202,4b%E2%80%933,24, 06.03.2019
[24] Barbara Lafond-Kettlitz: Die Alpen in Literatur und Malerei: S.934
[25] Holger Böhning: Der deutsche Blick auf die Schweiz und die Alpen im 18. Und frühen 19. Jahrhundert: S. 184

hier wird auch deutlich, dass Haller bewusst direkte Gegensätze zu seinen vorherigen Beschreibungen bildet. Während er die städtische Bevölkerung mit negativ konnotierten Worten beschreibt, so findet er für die alpine Bevölkerung durchweg positive Worte. Beispiele dafür sind „Seelen-Ruh" (V. 162), „Vernunft" (V.152) oder „Freyheit" (V.77). Dieser starke Gegensatz und das Aufzeigen eines bis dahin fremden Naturbildes scheint nötig, um die mentale Flucht aus dem Überdruss und die Flucht aus dem Alltag wirksamer zu machen[26]. In Vers 41ist ein Ausruf („o") aufzufinden, welcher die Begeisterung des lyrischen Ichs noch einmal unterstreicht. In den darauffolgenden Strophen wird diese Wirkung dadurch verstärkt, dass die Beschreibungen des Landlebens und der Menschen auf dem Land ganz dicht aneinandergereiht sind, als würde das lyrische Ich aus dem Staunen nicht mehr herauskommen. Der Gedankengang wird gerade in den letzten beiden Strophen des Gedichtes auf den Punkt gebracht. So lobt das lyrische Ich in Vers 477, dass sie kein Strom von wallenden Gelüsten überschwemmt. Der „Strom" kann hierbei für etwas Unkontrollierbares und Gefährliches stehen und zeigt auf, dass die Bergbevölkerung immer Herr ihres Verstandes ist und sich nicht von etwas Unvernünftigem wie den „wallenden Gelüsten" mitreißen lässt. Durch einen Chiasmus in Vers 480 wird erneut auf die Einfachheit des Alpenlebens eingegangen, in dem das lyrische Ich das Leben und den Tod gleichsetzt. Die Gegenüberstellung findet sich auch, wie beschrieben, in der Beschreibung des städtischen Lebens wieder. Eine erneute Interjektion am Anfang der letzten Strophe ist damit wiederum Ausdruck der Empfindung, welche das lyrische Ich das ganze Gedicht über begleitet: die Begeisterung und das Lob an ein einfaches und glückliches Leben abgeschirmt von Zivilisation und „der Städte Rauch" (V.162). Somit liegt der Unterschied zwischen Stadt und Land, dass der Städter im Überfluss und Reichtum lebt und trotzdem nie genügsam ist, der Landmensch jedoch in Armut und Einfachheit lebt, er diesen Zustand jedoch liebt (vgl. V.489).

Albrecht von Haller schafft es nicht nur das Bild der Alpen als Feind aufzuräumen, sondern gleichzeitig die Alpen und die Bevölkerung sowie deren Lebensweise in diesen als erstrebenswert darzustellen. Somit fällt dieses Gedicht in das Gebiet der antiurbanen Dichtung und stellt ein Lob an das Landleben dar[27]. Er würdigt das Leben der Alpenbewohner, die vorher in der Dichtung kaum beachtet oder negativ dargestellt wurden und kritisiert gleichzeitig ein Volk, welches der Natur fremd geworden ist[28]. Das Gedicht dient also nicht nur einer naturwissenschaftlichen Beschreibung der Alpenlandschaft oder einer Erklärung des Lebens in

---

[26] Richard Weiss: Das Alpenerlebnis in der deutschen Literatur des 18. Jahrhundert, S.25
[27] Barbara Lafon-Kettlitz: Die Alpen in Literatur und Malerei, S.941
[28] Raimund Rodewald: Landschaftswahrnehmung zu Hallers Zeit und heute: S.37

dieser, es fungiert auch noch als ein Aufruf das Glück in dem locus amoenus der Alpen zu suchen und die zwanghafte Existenzhülle der Stadt[29] zu durchbrechen.

„Die Alpen" und das Erhabene

Im 18. Jahrhundert erlangt der Begriff des Erhabenen/Sublimen einen Aufstieg[30]. Dieses lässt sich vor allem auf den Verlust der Sicherheit des Aufklärungsmenschen beziehen und der immer größer werdenden Kritik an dem Prinzip der Vernunft, welches die Aufklärung präsentiert[31]. Und genau diese Krise motiviert den Menschen sich auf die Suche nach etwas Unbekannten zu begeben. Albrecht von Haller präsentiert in seinem Gedicht „Die Alpen" etwas, was als Inbegriff von Erhabenheit verstanden werden kann, denn die Alpen waren etwas, was auf keinen Fall in die vernünftige Ordnung der Aufklärer passte[32].

Denn vor dem 18. Jahrhundert wurden die Alpen eher als locus horribles angesehen, welcher durch die Gefahren der ganzen Naturgewalten auf jeden Fall gemieden werden sollte.[33] Hallers Gedicht jedoch dient der Vereinigung der Idylle und den Naturkatastrophen, was vorher undenkbar erschien[34]. Durch sein naturwissenschaftliches Wissen und Blick auf die Alpen ist er sich durchaus den Gefahren und Problematiken der unübersichtlichen Landschaft bewusst und versucht die große komplexe Masse, die die Alpen sind, Stück für Stück aufzulösen. Durch Beschreibungen wie „verewigt Eis" (V.38), „kühle Thal" (V.38) oder „hartes Land" (V.51), werden durch Adjektive deutlich, dass der Gedanke der Gefahr durch die Alpen noch nicht komplett weg zu denken ist. Der Unterschied im 18. Jahrhundert ist jedoch, dass der Mensch sich an diese Gefahren traut, sie versucht zu kontrollieren und die Gefahr aus sicherer Nähe sogar als ästhetisch ansieht[35]. In Vers 121 schreibt Haller: „Denn hier, wo die Natur allein Gesetze gebiet". Das lyrische Ich nimmt hierbei eine Position des Beobachters ein, suggeriert durch das Wort „hier" jedoch, dass es sich unmittelbar in der Landschaft der Alpen befindet, der Sehnsucht nach dem Unbekannten nachgegangen ist und sich dem Gefühl der Erhabenheit stellen will. Der Vers beschreibt die Macht der Natur und die Grenzerfahrung die der Mensch erfährt, weil er durch die Kräfte der Natur auch selber an Kontrolle verliert. Diesem

---

[29] Erich Kleinschmidt: Die ungeliebte Stadt: S.17
[30] Barck, Karlheinz, Martin Fontius, Dieter Schlenstedt, Burkhart Steinwachs, Friedrich Wolfzettel (Hg.): Ästhetische Grundbegriffe Band 2, Stuttgart 2010: S.275
[31] Richard Weiss: Das Alpenerlebnis der Literatur des 18. Jahrhundert: S.22
[32] Ebd. S. 29
[33] Barbara Lafond-Kettlitz: Die Alpen in Literatur und Malerei: S.935
[34] Barbara Mahlmann-Bauer: „Die Alpen" Albrecht von Hallers: S. 13
[35] Barbara Lafond-Kettlitz: Die Alpen in Literatur und Malerei: S.933

Kontrollverlust steht der Mensch nun jedoch positiv gegenüber. Vielmehr beschreibt Haller in seinem Gedicht durch die Alpenbevölkerung, dass man eher von Freiheit sprechen kann, wenn man sich die Naturkräfte und dies, was in der Natur geschaffen wurde, zu Nutze macht. Den Orientierungsverlust innerhalb der Wirrnis der Alpen versucht Haller mit sehr ausführlichen und naturwissenschaftlichen Beschreibungen (Bsp. S.34) schlüssig zu machen. Dabei ist vor allem auf die Fußnote Hallers nach der 33. Strophe zu achten, die einen weiteren Versuch darstellt die Alpen in die schöpferische Ordnung einzuführen. In Vers 312 wiederum heißt es auch direkt „erhabnern Welt", was klarlegt, dass hier tatsächlich auf den Begriff des Erhabenen Bezug genommen wird. Darauf beziehen sich auch Vers 319 und 320, in denen das lyrische Ich erkennt, dass die Alpen auch durch „wachsend Eis" und „steile Wände" ein Ort der Furcht und des Schreckens sein können, darauf aber erläutert, dass selbst dieses gewaltige Naturschauspiel in die göttliche Schöpfungsordnung gehört und ihren „Nutzen" hat.

In Vers 326 wird das Erhabene auch auf eine ästhetische Ebene gebracht, in dem von dem „Schauplatz einer Welt" geschrieben ist. Der Begriff des Schauplatzes hat auch direkten Bezug auf den Blick der Antike auf das Erhabene. Longinos zum Beispiel, sieht den Menschen als bewundernden Beobachter der Schöpfung[36]. So dient die ästhetische Reflexion vor allem dem Auslösen von Emotionen wie Bewunderung, Furcht oder Enthusiasmus[37]. Und dies trifft auf die Alpenerfahrung des 18. Jahrhunderts zu. Denn auch wenn Haller in seinem Gedicht eher objektiv auf die Landschaft eingeht, so geht doch die Grundstimmung der Mächtigkeit aber auch Nützlichkeit der Alpen hervor, wie in Vers 319f. beschrieben.

Damit ist Albrecht von Hallers Gedicht „Die Alpen" ein Abbild einer neuen Bewegung, die das Erhabene positiv umdeutet und sich zum „geheimnisvollen-unheimlichen Dunkel"[38] hingezogen fühlt. Der Aufstieg dieses Konzepts ist also auch Auslöser der Alpenbewunderung und klärt die Frage, warum Hallers Gedicht im 18. Jahrhundert an Popularität gewann. Zudem beschreibt Haller durch die Alpenbevölkerung und ihr mühsames und einfaches, aber dennoch erstrebenswertes Leben, den Traum vom Goldenen Zeitalter (vgl. V. 31). Die Frage nach der Erreichbarkeit beantwortet Haller aber nicht. Somit steht das Gedicht stellvertretend für die mentale Entwicklung der Gesellschaft der Zeit und fängt die Erweiterung des Horizonts sowie zudem die „Überschreitung von Erfahrungsmustern" ein. Durch Haller werden die Alpen zu dem landschaftlichen Abbild des Erhabenheitsbegriffes.

---

[36] Ästhetische Grundbegriffe Band 2: S. 277
[37] Ebd.: S. 277
[38] Richard Weiss: Das Alpenerlebnis der deutschen Literatur des 18. Jahrhunderts: S.25

Schlussteil

Zusammenfassend ist festzuhalten, dass Albrecht von Haller durch sein Gedicht „Die Alpen" in der Literatur durchaus als „Entdecker der Alpen"[39] bezeichnet werden kann. Er nutzte die Unsicherheiten zur Zeit der Aufklärung und gab der Gesellschaft ein Naturbild, das als ein Inbegriff eines Paradieses verstanden werden kann. Dadurch löste er eine Natursehnsucht aus, welche nicht nur die alten Vorurteile beiseite schaffte, sondern eine neue Utopie darstellte.

Wie Raimund Rodewald schreibt, war Hallers Blick auf die Alpen geprägt von verschieden Aspekten. Seine naturwissenschaftlichen Beschreibungen, vor allem der Flora, zeigen nicht nur die Schönheit, sondern auch den Nutzen der Landschaft auf und zeigen der Aufklärung, dass die Alpen somit auch in ein vernünftiges Weltbild einzuordnen sind. Besondere Glaubhaftigkeit wurde Haller dadurch zugeschrieben, dass er die Alpen auch wirklich gesehen hatte. Auch erschuf er den Alpenmythos, wobei die Alpen für Tugendhaftigkeit und das freiheitliche Leben stehen. Im Zentrum stehen dabei die Alpenbewohner, denen vorher keine Beachtung geschenkt wurde, Haller diese und deren Leben aber ästhetisiert und idealisiert. Sie sind abgegrenzt von dem Übel, was in der Welt eingetroffen ist. Das idealisierte Hirtenbild nutzt Haller, um Kritik an der „naturentfremdeten Stadtbevölkerung" des 18. Jahrhundert auszuüben. Nach Haller sind die Alpen Antwort auf die Suche nach dem verlorenen Paradies und dem goldenen Zeitalter.

Die „Rückkehr zur Natur" auf emotionaler Ebene fand aber erst durch Jean-Jaques Rousseau statt, der wirklich intendierte, dass die äußere Natur in das menschliche Gefühlsleben eindringen sollte[40]. Dennoch wird deutlich, durch die Analyse des Gedichtes und historischem Hintergrundwissen, dass Hallers Gedicht grundlegend für die Entwicklung von Erkenntnissen durch Natur zu Gefühlen durch Natur.

Auch heute fällt Albrecht von Hallers Name immer noch, wenn es um die Stadt-Land Kontroverse geht oder um die Erweiterung des Begriffes der Naturästhetik[41].

---

[39] Raimund Rodewald: Landschaftswahrnehmung zu Hallers Zeit und heute: S. 37
[40] Richard Weiss: Die Alpenerlebnis in der deutschen Literatur des 18. Jahrhunderts: S.40
[41] Raimund Rodewald: Landschaftswahrnehmung zu Hallers Zeit und heute: S. 45

Abschließend ist zu sagen, dass Hallers Gedicht und die neue Sicht auf die Alpen bzw. die Hinwendung zu den Alpen als ein Auslöser der Alpenbegeisterung des 18. Jahrhunderts zu verstehen ist. In dem Gedicht werden die Alpen zur „Versinnbildlichung der vollkommenen Weltordnung"[42] und werden zum Symbol von subjektiver Freiheit.

Literaturverzeichnis

Barck, Karlheinz, Martin Fontius, Dieter Schlenstedt, Burkhart Steinwachs, Friedrich Wolfzettel (Hg.): Ästhetische Grundbegriffe Band 2, Stuttgart 2010

Deutsche Akademie der Wissenschaften zu Berlin, Institut für deutsche Sprache und Literatur (Hg.): Die Alpen. Albrecht von Haller, Studienausgaben zur neueren deutschen Literatur, Berlin 1959

Kleinschmidt, Erich: Die ungeliebte Stadt. Umrisse einer Verweigerung in der deutschen Literatur des 18. Jahrhunderts, In: Lili 12/1982 (1982) S. 29-49

Lafond-Kettlitz, Barbara: Die Alpen in Literatur und Malerei. Albrecht von Haller, Capar Wolf, Ludwig Hohl, Ferdinand Hodler. In: Études Germaniques 64 (2009), S. 933-953

Lauterbach, Burkhart: Der Berg ruft – Alpentourismus und Kulturtransfer seit dem 18. Jahrhundert, in: Europäische Geschichte Online (EGO), hg. vom Institut für Europäische Geschichte (IEG), Mainz 2010-12-03. URL: http://www.iegego.eu/lauterbachb-2010-de URN: urn:nbn:de:0159-20100921287 [2019-03-12].

Mahlmann-Bauer, Barbara: "Die Alpen" Albrecht von Hallers: Landschaftsgemälde, wissenschaftliche Hypothesenbildung und verborgene Theologie, In: Mitteilungen der Naturforschenden Gesellschaft in Bern 66 (2009), S. 8-28

Mathieu, Jon, Simona Boscani Leoni (Hg.): Die Alpen!. Zur europäischen Wahrnehmungsgeschichte seit der Renaissance, Bern [u.a] 2005

Raymond, Petra: Von der Landschaft im Kopf zur Landschaft aus Sprache, Studien zur Deutschen Literatur; Bd.123, Tübingen 1993

Rodewald, Raimund: Landschaftswahrnehmung zu Hallers Zeit und heute, In: Mitteilungen der Naturforschenden Gesellschaft in Bern 66 (2009), S. 37-48

Weiss, Richard: Das Alpenerlebnis in der deutschen Literatur des 18. Jahrhunderts, Horgen-Zürich 1933

Wehle, Winfried: Wunschland Arkadien. Vom Glück der Schäfer in der Literatur des Cinquecento -Ein Essay-, In: Compar(a)ison 2 (1993), S. 19-33

https://www.die-bibel.de/bibelstelle/1.Mose%202,4b%E2%80%933,24, 06.03.2019

---

[42] Petra Rymond: Von der Landschaft im Kopf zu Landschaft aus Sprache: S.13

Ingram Content Group UK Ltd.
Milton Keynes UK
UKHW050223240623
423807UK00022B/575